Zoé Unakim

Zukunfts-Sicht

Zoé Unakim

Zukunfts-Sicht

düstere Prognosen

Trainerverlag

Imprint

Cover image: www.ingimage.com

Publisher:
Der Trainerverlag
is a trademark of
International Book Market Service Ltd., member of OmniScriptum Publishing Group
17 Meldrum Street, Beau Bassin 71504, Mauritius
Printed at: see last page
ISBN: 978-620-0-76893-3

Inhaltsverzeichnis:

I. Quelle:

„Wenn Ihr es gut meint, dann macht eine Quellenangabe!“[1]

---

[1] https://www.geistheiler-sananda.net/blog-aktuell/

II. Seher:

„- Achtung: Kann man einem Seher böse sein, oder ihm Vorwürfe machen, für das, was er sieht? Es als negativ darstellen, wenn er etwas Negatives in der Zukunft sehen kann? Ein Seher kann nur das weitergeben, was er sieht! 90% von dem, was ich als Geistheiler Sananda voraussagte bisher, ist bereits eingetroffen, oder dabei einzutreffen!“[2]

[2] https://www.geistheiler-sananda.net/blog-aktuell/

III. <u>Agenda:</u>

„Die gesamte Menschheit wird gerade gefangengenommen, und total versklavt! Die Elite agiert im Auftrag der Reptilien-Agenda! Die Menschheit wird bald zu 100% kontrolliert und überwacht werden, dank Corona! SIE werden den Menschen ALLE RECHTE und ALLE FREIHEITEN, und ALLE FREUDEN nehmen! Die Menschen werden auf Schritt und Tritt überwacht werden, und jegliche Kontakte werden zurückverfolgt werden! Somit wird jeglicher Widerstand im Keim erstickt werden! Eine kleine Gruppe von Menschen wir einen kleinen Kern von Widerstand im Untergrund bilden! Die Masse der Menschheit ist verloren, wird ihre Seele verlieren, und NICHT erwachen! Nur ein kleiner Teil wird erleuchtet werden und aufsteigen, und diese Materie überwinden! Es wird zu Hungersnöten und Tragödien kommen! Wasser- und Stromknappheit. Städte werden vermüllen und verrohen! Das Recht des Stärkeren wird einkehren! 90% Arbeitslosigkeit wird eintreten! Autofahren und Reisen wird nur noch für eine Elite und systemtreue Elite-Sklaven, und nur in begrenztem Ausmass möglich sein! Das alles, und vieles mehr, wird in den nächsten 10 Jahren passieren!

Ab 2021 werden die Menschen in Massen sterben. Ihnen wird die Luft zum Atmen genommen werden, im wahrsten Sinne des Wortes. Und Sie werden an den Spätfolgen der Bestrahlungen und der Impfungen sterben! Und das alles haben die Menschen freiwillig gewählt und gewollt! Sie haben es zugelassen, und mitgetragen! Das ist leider die Wahrheit, und diese wollen die meisten nicht hören! Die Welt, wie wir sie kennen, wird aufhören zu existieren! Dies ist eine Zukunftssicht aus JETZIGER SICHT! Sollte die Menschheit, JETZT, in den nächsten 12 Monaten, nicht aufstehen und sagen STOP, bis hierher und nicht weiter, wird es so eintreten! Schweiz, Oktober 2020, Geistheiler Sananda.“[3]

[3] https://www.geistheiler-sananda.net/blog-aktuell/

IV. <u>Angriffe:</u>

„*-Achtung:* *Trotz des Killervirus Corinna der die gesamte Population gefährdet, werden wir immer mehr und vor allem immer offener verfolgt! [...] Diese Organisationen die das leiten infiltrieren das ganze Umfeld! Nachbarn werden besucht und aufgehetzt! [...] Die schwarzmagischen Angriffe nehmen auch zu! [...] Ich weiss, dass die meisten Leser gar nicht wissen, von was ich überhaupt rede! Aber einige werden es verstehen! Die anderen sollten meine Bücher lesen! Um zu erfahren in welcher Welt sie hier leben!*"[4]

[4] https://www.geistheiler-sananda.net/blog-aktuell/

V. **Rekruten:**

„-Achtung: Was ich noch zu den Stalking- und Personenverfolgungsprogrammen für Indigos sagen wollte: SIE benutzen auch Familienmitglieder und gute Freunde, Bekannte, Arbeitskollegen, Nachbarn, Hausverwaltungen! Ähnlich wie bei der STASI! Sie rekrutieren das Umfeld!“[5]

[5] https://www.geistheiler-sananda.net/blog-aktuell/

VI. Stalker:

„Sie vertrauen auf mich, und auf den Schutz der Föderation! Und auf den Schutz unserer Ahnen, die uns ständig begleiten als Lichtwesen! Wovor soll ich denn Angst haben? Vor den bezahlten Stalkern, die uns rund um die Uhr an den Fersen hängen? Oder, vor den Freimaurern und Geheimdiensten, und der Kirche, die uns verfolgen lassen und plagen? SIE können mich nicht plagen! SIE haben keine Macht über uns, über mich! SIE sind Mücken gegen meine Energie und Macht!“[6]

[6] https://www.geistheiler-sananda.net/blog-aktuell/

VII. **Prüfungen:**

„Und, wenn ich von Erlebnissen berichte, dann nicht aus `Verzweiflung´ oder aus Angst, sondern, weil ich euch informieren will, was AUF EUCH zukommt! Weil, alles, was mir in den letzten Jahren widerfahren ist, wird jedem, der auf dem Jesusweg wandeln will, in abgeschwächter Form auch WIDERFAHREN! Es sind auch Prüfungen, ob du schon soweit bist, aufsteigen zu dürfen! Oder, ob du aus purer Angst wieder abfällst, und den leichteren Weg wählst! Gott will keine Feiglinge bei sich da oben haben!"[7]

[7] https://www.geistheiler-sananda.net/blog-aktuell/

VIII. Angst:

„Angst bedeutet kein Gottvertrauen. Verleugnen von Gott. Diese vielen ängstlichen Virus-Maskenträger, die das gerne tun, zu ihrem `Schutz´, zeigen damit nur, dass sie dem Staat mehr vertrauen als Gott! Ich als Geistheiler Sananda sage diesen Angsthasen: Wenn Ihr so Angst vor dem Leben habt, warum wollt ihr dann noch leben? Was wollt ihr überhaupt noch in dieser Welt? Ihr verleugnet Gott, denkt, der Staat könnte euch vor dem Tod schützen? Nur Gott entscheidet, wann DU an der Reihe bist zu sterben, niemand anderer! Wenn deine Zeit gekommen ist, bist du fällig, ob du eine Maske trägst, oder nicht! Es ist jämmerlich anzuschauen, wie sich die Schafherde Mensch von ihren gewählten Psychopathen tyrannisieren lässt. Diese seelenlosen Elementalwesen müssen nur Huch sagen, dann rennen die Angsthasen weg, wie aufgescheuchte Hühner! Schämt euch Ihr Angstbollen, [o]b eurer Feigheit, und [o]b eurer unbegründeten Angst. Ihr werden an eurer Angst leider sterben! Weil, Ihr schätzt das Leben nicht, und Ihr vertraut dem Teufel mehr als Gott! Gott kann euch nicht beschützen, da Ihr Schutz beim Teufel sucht! Geht nach Hause in den Keller und

versteckt euch! Ihr könnt euch ja nicht einmal für eure Kinder einsetzen! Ihr lasst diese vom Staat vergewaltigen und foltern! Ihr schaut zu, wie die Tiere abgeschlachtet werden hier auf dieser Erde, und fresst sie gar noch! Ihr habt euer Recht auf Leben hier verwirkt! Ihr seid feige und haltet zum Bösen, aus Angst! Ihr habt kein Rückgrat! Du fühlst dich angesprochen? Das ist dein Problem!"[8]

[8] https://www.geistheiler-sananda.net/blog-aktuell/

IX. Spaltungen:

„Ich persönlich werde mich jeden Tag weiter für die Richtigen einsetzen, jeden Tag Tiere füttern wo ich nur kann, und werde heute noch einen Baum pflanzen, auch, wenn morgen die Welt untergeht! Ich werde mich der Tyrannei nicht beugen, und meine Meinung sagen, solange ich lebe! Angst zu haben bedeutet, Gott zu verleugnen! Alles ist geregelt und gewollt, auch von Gott zugelassen! Weil, es sind Prüfungen! Und die Spaltungen führen nur dazu, dass die Richtigen von den Falschen getrennt werden. Und das ist gut so!“[9]

[9] https://www.geistheiler-sananda.net/blog-aktuell/

X. Demonstrationen:

„Achtung: Was haben die bisherigen Demonstrationen gebracht? Hat sich irgendetwas verändert? Die Politiker und die Medien machen immer weiter, und immer weiter! Jetzt werden schon Schilder zwecks Maskentragepflicht aufgestellt in den Innenstädten! Bussgelder, wenn man falsche Namen beim Ober abgibt! Privatpartys sollen überwacht und kontrolliert werden, usw. usw.! Die Menschen schlucken alles, alles! Immer mehr tragen freiwillig Masken […], vor allem auch viele junge Menschen! Es geht alles seinen Gang! SIE ziehen es durch, und alle machen mit! Also, was haben die Demonstrationen gebracht bis[h]er? Ich, Geistheiler Sananda, sage dir, nichts!“[10]

[10] https://www.geistheiler-sananda.net/blog-aktuell/

XI. Resignation:

„Warum? Ich sage es dir! Damit die Menschen irgendwann sagen, dass nicht einmal die ganzen Demos überall etwas ändern konnten! Das führt dann zur Resignation des Widerstand eines Tages! Nach dem Motto: Wir haben es wenigstens versucht! Wo ist dann die Lösung? Theoretisch darin, dass JEDER im Alltag sich den irren, totalitären, geisteskranken, jeder Logik widersprechenden tyrannischen Massnahmen verweigert! Was könnten diese Schergen denn gegen ALLE ausrichten? Nichts! Aber in der Praxis funktioniert das wohl nicht, weil die Masse seelenlos und dadurch steuerbar ist, voller Angst! Was können wir dann tun? Wir anderen? Aufklären, wo es möglich ist, Informationen bereitstellen und weitergeben. Viel mehr ist nicht möglich! Was willst du denn tun gegen Alle? Ein Gefühl der Ohnmacht, der Machtlosigkeit wird sich breitmachen!“[11]

[11] https://www.geistheiler-sananda.net/blog-aktuell/

XII. <u>Menschheit:</u>

„-<u>Achtung:</u> Hat es diese Menschheit überhaupt verdient auf diesem wunderschönen flachen Planeten Erde zu leben? Diese Menschheit, die diesen Planeten zugrunde gerichtet hat? Diese Menschheit, die sich gegenseitig umbringt, die Geschöpfe Gottes tötet und frisst, die wunderschönen Tiere? Diese Menschheit, die nur die eigenen Interessen verfolgt, ihre Macht missbrauchte, keinerlei Verantwortung für die Pflanzen, Tiere und für die eigene Art entwickelt hat? Hat diese Menschheit das, was jetzt passiert vielleicht verdient? Diese Menschen, die so ziemlich alles verbockt haben, was man nur verbocken kann? Glauben die Menschen denn wirklich, dass es keine kosmische Gerechtigkeit gibt? Glauben die Menschen denn wirklich, dass sie alles machen können, Kriege führen können, Milliarden Tiere pro Jahr töten können, ohne, dass sich das rächen wird eines Tages? Warum glauben die Menschen eigentlich, dass sie machen können, was sie wollen, ohne eines Tages dafür geradestehen zu müssen? Der Film der jetzt abläuft wurde in den letzten 5000 Jahren gedreht! Von den Menschen in

ihren früheren Inkarnationen! Nichts geschieht einfach so! Der Mensch erntet was er sät!"[12]

[12] https://www.geistheiler-sananda.net/blog-aktuell/

XIII. Monster:

„Diese Menschen haben alle kein Gottvertrauen! Sie haben keine Liebe mehr in sich! [...] Diese Menschheit kann einem wirklich Angst machen! Sie sind so leicht steuerbar, dass man ernsthafte Sorgen um die Zukunft haben sollte! Da wacht niemand auf! Die schlafen höchstens noch mehr ein, schlafen noch tiefer und noch fester! Ein Zusammenleben mit diesen Schafen und Robotern wird bald gar nicht mehr möglich sein! Das Arbeiten wird für Beseelte immer schwerer werden. Der Alltag wird eines Tages gar nicht mehr zu bewältigen sein! Die grösste Herausforderung wird das Einkaufen sein. Jeder Weg aus den eigenen vier Wänden wird zur Tortur! Ich kann mich nur immer wieder wiederholen! Geschäftliche Zusammenarbeiten werden bald nicht mehr möglich sein mit Systemmenschen! Private Freundschaften werden zerbrechen. Partnerschaften werden immer mehr zerbrechen! Ein Zusammensein mit Systemmenschen, mit Schafen, mit Robotern wird bald in keinem Bereich mehr funktionieren! Wir anderen müssen uns zusammenschliessen, Netzwerke gründen. Aber, auch da ist die Gefahr der Unterwanderung sehr gross! Darum habe ich

bis heute keine Gruppe gegründet! SIE würden alles von innen heraus infiltrieren und zersetzen! Ja, SIE wollen uns separieren! Spalten, zersetzen! Stark bleiben ist die Devise! Das Monster zeigt seine Zähne, es hat Angst, es weiss, dass es bald sterben wird, das Monster!"[13]

[13] https://www.geistheiler-sananda.net/blog-aktuell/

XIV. <u>Planet:</u>

„Wir sind hier in der niedersten Ebene inkarniert, genannt 3D! Hier ist das Reich der Idioten und Monster! Der Grundschüler und Erstklässler! Der Psychopathen und Geisteskranken, der Seelenlosen und der Verlorenen! Der Krieger und Kämpfer, der Tierfresser und Kannibalen. Der Neider und Missgünstigen! Der Ängstlichen und Lieblosen! Planet der Finsternis! Planet des Leides und Schmerzes! Aber deren Zeit neigt sich dem Ende zu! Gottes Reich wird wieder Einzug halten! Die Indigos dieser Erde werden durch mich aktiviert werden, und den Untergang der Dunkelheit gemeinsam mit mir besiegeln! Sie liegen in den letzten Atemzügen, die niederen seelenlosen Wesen! Ich kann sie hören, SIE atmen ganz schwer! Ich bin es, euer Asthar Sheran!"[14]

[14] https://www.geistheiler-sananda.net/blog-aktuell/

XV. System:

„-Achtung: Und noch was! Ich bleibe dabei, das die Macher von Querdenken und Co dem System dienen! Ebenfalls 99% der sogenannten Aufklärer! Einige sind auch Windfähnchen! Heute so morgen so! Heute bekämpfe und beschimpfe ich jemanden, und morgen verbünde ich mich mit ihm! Super! Wer den Jesusweg verlässt wird abfallen! Jesusweg bedeutet, den schweren Weg der Wahrheit zu gehen, mit allen Konsequenzen! Meidet jeden Kampf gegen das System! Und bleibt euch selbst treu, auch wenn alle gegen euch sind! Findet euch selbst! Findet euer wahres Ich wieder! Das Licht muss nicht kämpfen oder demonstrieren! Es muss nur leuchten! Immer heller! Ihr werdet eines Tages feststellen, dass es wenige echte Führer gibt! Es werden wenige übrig bleiben! Wir sind nicht so viele! Und viele an die ihr heute glaubt werden sich als Verräter entpuppen!“[15]

[15] https://www.geistheiler-sananda.net/blog-aktuell/

XVI. Drangsal:

„Sie schicken Motorradfahrer, Oldtimergruppen, ganze Busse mit organisierten Personentheaterschauspielern! Diese Stalker sind ausgebildet, geschult! Sie sind zwar alle seelenlos und gesteuert, aber sie bekommen auch Geld dafür. Sie sind Stalker-Reisende! Auf der Jagd nach Jesuswegjüngern! Und dem Meister! Sie besetzen auch alle Wohnungen um einen herum mit Kiffern. In der Nachbarschaft detoniert es nachts immer. Rauch und Gestank immer und überall. Es ist eine einzige Drangsal. Viele bemerken die Verfolgungen gar nicht, weil sie den Blick und die Wahrnehmung (noch) nicht haben! Ich sehe ja auch die Gestalten unter der Körpermaske! Sie haben brutal angezogen mit allem!“[16]

---

[16] https://www.geistheiler-sananda.net/blog-aktuell/

XVII. <u>Sklaven:</u>

„-Achtung: *Die Welt wird immer irrer! Man hat das Gefühl im falschen Film zu sein! Sie benehmen sich alle wie Geisteskranke! Psychopathen! Die einen missbrauchen ihre Macht, die anderen machen sich in die Hose, aus purer Todesangst. Niemand kennt einen Corona-Kranken. Keiner kennt einen, der im Spital liegt, niemand kennt echte Corona-Tote! Eine Pandemie ohne Kranke! Dürfte wohl einmalig in der Geschichte der Menschheit sein! Und doch haben alle Angst, machen mit bei der Ellbogenbegrüssung, ziehen Masken an, die vor nichts schützen, lassen sich einsperren, obwohl sie nicht krank sind. Jeder hat Angst. Aber nicht vor dem Virus, zwar auch, aber hauptsächlich vor sozialer Ausgrenzung, vor der eigenen Courage, vor der Obrigkeit! Was den Menschen fehlt ist Mut, Eigenverantwortung, Selbstbewusstsein. Jeder will nur seinen Job, seine Karriere retten, und kommt dafür sogar auf den Knien daher! Keiner ist bereit etwas zu riskieren! Nach dem Motto: Lieber 1 Tag frei und wahrhaftig gelebt, als ein Leben in der Lüge und als Sklave verbracht! Ja, wir sind Sklaven, alle, jeder! Aber nur körperlich! Jedoch sind die allermeisten mittlerweile auch geistige und seelische Sklaven, was viel schlimmer ist. Diese Gefangenschaft geht über den Tod hinaus! Was wir erreichen müssen ist geistige und seelisch Freiheit! Der Geist herrscht über die Materie, erschafft gar die Materie! Wenn wir also im Geiste frei werden, werden wir das eines Tages auch mit unserem Körper sein! Wir müssen uns freimachen von allen Zwängen, Nöten und Ängsten! Loslassen ist das Zauberwort! Sich in keinen Kampf begeben, sei er noch so ehrenwert! Wir werden den Untergang dieser Welt nicht stoppen können, und wir werden diese Menschheit nicht retten können. Und sollen es auch nicht! Alles, was wir sollen ist, uns selbst wieder finden, frei zu werden im Geiste! Erkenne dich selbst, erkenne, wer du wirklich bist! Du bist nicht dein Körper! Aber, solange du dich nur damit identifizierst, können SIE dir Angst machen!"*[17]

---

[17] https://www.geistheiler-sananda.net/blog-aktuell/

XVIII. <u>Lügen:</u>

„-*<u>Achtung:</u>* *SIE machen es bei Corona, (und bei der Klimaerwärmung, CO2) wie mit der `runden, sich drehenden und durchs All rasenden Erdkugel!´ Sie wiederholen es einfach immer wieder und machen die Lüge zur offiziellen Wahrheit! Später mal wird es dann jeder als Realität ansehen und auf jeden losgehen, der das anders sieht, also wie es wirklich ist! SIE arbeiten immer gleich! Sie werden Corona auch in den Schulbüchern verewigen! So macht man erfundene Lügen zur Wahrheit!*“[18]

---

[18] https://www.geistheiler-sananda.net/blog-aktuell/

XIX. Verfolgungen:

„-Achtung: Die Indigo-Verfolgungen geschehen nicht nur direkt bei und an den Indigos, es wird dann jeder verfolgt und drangsaliert, der mit dem Indigo in positiver Verbindung ist! Die Reptos wollen so den Indigo plagen und foltern, indem SIE diejenigen plagen, die dem Indigo wohlgesonnen sind. Wie sagte Jesus? So wie sie mich verfolgt haben, werden sie auch euch verfolgen! Die Reptos wissen genau, wer ein Indigo ist, und verfolgen diesen, und seine Vertrauten, ein Leben lang. An jedem Ort der Welt! Wir könnten in den Urwald ziehen, dann würden sie die Ureinwohner mit Pfeil und Bogen auf uns hetzen. Sie hetzen jeden auf uns, der eine Resonanz zum Negativen hat. Diese manipulieren sie so, dass sie negative Gedanken und Emotionen gegen uns bekommen, und uns bekämpfen! […] Wobei natürlich auch weltliche Verfolgungen eine grosse Rolle spielen.“ [19]

[19] https://www.geistheiler-sananda.net/blog-aktuell/

XX. <u>Hölle:</u>

„Wir sind in der Hölle, und diese Höllenmenschen hier, können uns Lichtwesen nicht leiden!"[20]

[20] https://www.geistheiler-sananda.net/blog-aktuell/

XXI. Armee:

„Ich habe heute die komplette Armee Gottes gerufen zu einer Besprechung im Park. Sie kamen alle, und ich konnte einige Minuten mich nicht bewegen, und Tränen flossen herunter. Sie werden uns allen, die auf dem Jesusweg wandeln beistehen, diese Hölle hier zu überleben. Ich bin sehr dankbar, Teil dieser Bewegung sein zu dürfen, und meinen Gottesdienst leisten zu dürfen! Alle, die auf den Spuren der Liebe Gottes wandeln, leisten einen Gottesdienst hier.“[21]

[21] https://www.geistheiler-sananda.net/blog-aktuell/

XXII. Gottesdienst:

„Gottesdienst bedeutet, die Liebe Gottes auf Erden. Er lebt durch uns hier! Wir sind es, die seine Liebe hier verkörpern! Und wir stehen alle unter seinem Schutz, und dem Schutz seiner Armee! Wir alle Liebenden sind Teil der Armee Gottes!“[22]

[22] https://www.geistheiler-sananda.net/blog-aktuell/

XXIII. Schwingung:

„Ich habe die gesamte Föderation und alle Erzengel, sowie alle aufgestiegenen Meister um Hilfe und Personenschutz gebeten! Sie hetzen alles und jeden auf uns drauf, nur um meine Schwingung herabzusetzen! Aber das schaffen SIE nicht! Ich bin zu stark geworden, und sie werden ich nie aufhalten können, nie! Das Licht von mir ist unzerstörbar! Es wird immer heller! Meine Verbindung zur Geistigen Welt wird immer stärker, meine Kräfte immer mehr! Diese Menschen, die uns plagen, die sich gegen mich stellen, die uns, die mich foltern, angreifen, stalken, zerstören wollen, werden alle bald sterben! Ich weiss das! Wer sich gegen mich stellt, stellt sich gegen Gott! Gott wird alles, was gegen die Natur ist, was gegen das Göttliche ist, von dieser Erde entfernen! Es werden jedoch schwere Zeiten auf uns alle zukommen, die wir überleben werden, wenn wir stark im Glauben bleiben, und nie die Hoffnung verlieren! Wir müssen immer an die Liebe glauben, und immer in der Liebe leben! Gott schützt die Liebenden! Alles, was nicht in der Liebe ist, wird sterben! Am Ende werden wir alleine sein, unter uns

Liebenden! Das Böse zeigt nun immer mehr seine Fratze! Man kann es mit den Händen greifen!“[23]

[23] https://www.geistheiler-sananda.net/blog-archiv/

XXIV. Angriffe:

„-Achtung: Die Angriffe von allen Seiten werden von Tag zu Tag stärker und brutaler. Die Stadtverwaltungen, Hausverwaltungen usw., die Behörden, die Ämter, also der STAAT, alle Politiker, auch die Opposition, das alles sind nun unsere Feinde! Das solltet Ihr wissen! Sie betrachten uns als Sklaven und als Vieh, und so behandeln sie uns auch! Was ist mit dem Resonanzgesetz? Diese Folterknechte, Reptos, Verräter und Helfershelfer der Dunklen werden alle ihre Seelen verlieren, und können nach ihrem Tod NICHT ins Licht! Sie mögen noch Erfolg haben mit ihren Unterdrückungen, aber der Tag ihres Todes wird kommen, so oder so! Dann werden sie ein böses Erwachen haben nach ihrem physischen Tode! Wir anderen haben es JETZT schwerer! Aber dafür werden wir unermesslich belohnt werden, und vielleicht nicht mal mehr sterben müssen!"[24]

[24] https://www.geistheiler-sananda.net/blog-archiv/

XXV. **Bedrängnis:**

„Ja, das nennt man Personenverfolgungsprogramme. Adolf Merkel hat diese Leute mitgebracht, und diese ehemaligen Stasi-Leute verfolgen heute weltweit Menschen [...]. Das Bedrängen durch Stalker erleben wir ja ständig und überall. Nur gehen SIE in der Regel nicht auf einen los, also attackieren normal nicht direkt. Sie bedrängen einen nun immer mehr, ob mit dem Auto, oder zu Fuss! Die grosse Drangsale, die Indigo-Verfolgungen werden nun immer massiver! Und alle, die auf dem Jesusweg wandeln, werden drangsaliert werden! SIE wollen eben mit allen Mitteln unsere Rückkehr blockieren!“[25]

---

[25] https://www.geistheiler-sananda.net/blog-archiv/

XXVI. Geistwesen:

„-Achtung: Meine Hellsicht wird immer intensiver! Ich sehe die Reptos und Grauen, die Mantisse in den Körpern immer deutlicher! Und, was mir auch auffällt ist, dass diese niederen Geistwesen in den Menschenkörpern mich auch sofort erkennen, und sich sofort zeigen! Sie machen dann eine Fratze zu mir, oder schauen mich herablassend und verächtlich an, oder schauen mich mit einem bösen Blick an. Durch diese Gesten springen dann ihre Besetzungen auf mich drauf, meist Dämonen, die ich dann erstmal wieder loswerden muss. In der Zeit geht dann mein Puls hoch, und mein Gesicht läuft rot an, und ich bekomme sofort Wut. Das ist der Sinn der Sache! Sie wollen mich wütend machen, und in der Schwingung herabsetzen. Mich in Streitigkeiten verwickeln. Den ganzen Tag, wo immer und wann immer es geht! Man darf eigentlich keinen Menschen mehr anschauen. Am besten Sonnenbrille auflassen immer."[26]

[26] https://www.geistheiler-sananda.net/blog-archiv/

XXVII. Endzeit:

„Die meisten Menschen da draussen, sind keine Menschen meine lieben Freunde! Sie sind alle hier, um UNS zu drangsalieren, zu foltern, zu demütigen. Sie werden eines Tages alle auf uns losgehen. Die, die Masken tragen, auf die, die keine tragen. Die, die nichts haben, auf die, die noch was haben. Usw[.]! Es wird irgendwann richtig gefährlich für uns andere werden. Aber, wir sind trotz allem beschützt! Nur, jeder sollte in Zukunft genau überlegen, wo er hingeht, und wohin besser nicht! Wir leben in der Endzeit meine Freunde. Die letzte Runde wurde nun eingeläutet am 10.09.2020, durch die Sirenen!"[27]

[27] https://www.geistheiler-sananda.net/blog-archiv/

XXVIII. Steuerung:

„-Achtung: Möchte aus gegebenem Anlass nochmals klar zum Ausdruck bringen, dass immer mehr rabenschwarze Reptos auftauchen, die plötzlich über die Weltlage urteilen, und bewerten, Dinge, Personen und Gruppierungen in ein gutes Licht rücken wollen. Dabei erzählen sie rund 50% Wahrheit, aber eben auch 50% Lügen! Das hat System! Es geht solchen Reptos nur darum, die Massen für sich zu gewinnen. [...] Nochmals: Black Lives Matter = Dunkel! Querdenken = Dunkel! Eckhart und Baalweg = Freimaurer = Dunkel = Reptos! Schieffmanns = Dunkel! Janoch und Schrank = Dunkel, Relgionen = Dunkel! [...] Es wird gezielt versucht, die Menschen, die grade am Erwachen sind, in eine gewollte, falsche Richtung zu lenken, abzulenken! Nicht jeder der dunklen Aufklärer macht es bewusst, viele auch unbewusst, weil sie selbst eben dunkel sind, und dadurch von den Reptos gesteuert werden! [...] Es ist deine Seele, die SIE wollen! Dein Leben interessiert SIE nicht! Sie wollen DICH am Aufstieg hindern! SIE arbeiten mit allen Mitteln! Mit allen! NUR GOTT und seine Engel werden uns retten können! Niemand anderer! Keine Gruppe, keine Organisation, ja, nicht mal

ein Politiker! Auch kein Trump! Wir sind es, die uns retten müssen! DU musst dich selbst retten! DU musst auch MIR nicht nachrennen! Was ich will, ist, dass du zu Gott zurückfindest! Dann wirst du auch deinen Weg dorthin finden! Den Jesusweg!"[28]

[28] https://www.geistheiler-sananda.net/blog-archiv/

XXIX. Verrat:

„-Achtung: *Und leider muss ich euch auch sagen, dass ihr alle verraten werdet von euren gewählten Politikern! Eure Bürgermeister, eure Ämter und Behörden, eure Firmenchefs, viele eurer Ärzte und Apotheker sowieso, eure Banker, die Polizei und der Zoll, die Bundeswehr, SIE alle werden euch verraten! Sie alle liefern euch ans Messer, lassen euch über die Klippe springen! SIE alle machen mit, bei dem bösen Spiel. Die Adolf Merkels dieser Welt könnten nichts ausrichten, ohne die aktive Mithilfe der Opposition, der Gewerkschaften, der sozialen Organisationen, der Kirche, den Verbänden usw.! Und vor allem durch die Hilfe des Grossteils der dummen Herden-Bevölkerung! Ohne die alle könnte Adolf nichts ausrichten! Das gab es ja alles schon mal! Und es kommt wieder! Nur, dieses Mal noch härter! Sie werden euch zwingen die Masken auch nach dem Impfzwang zu tragen! Sie werden mit euch umgehen wie mit Vieh im Stall! Die meisten werden daran zerbrechen in den nächsten Jahren! Es werden Massenarbeitslosigkeit und Hungersnöte kommen. Wasser- und Stromknappheit! Es ist nicht bald zu Ende! Es fängt erst an! Wenn*

Ihr die Wahrheit nicht hören wollt, eure Sache! Ihr könnt ja den dunklen Schön-Predigern nachlaufen! Oder, Ihr könnt um eure Grundrechte betteln gehen! Ihr werdet verraten Freunde! Fragt diese Verräter doch, warum sie das tun! Ich kann es euch sagen: weil sie machtgierig sind, und, weil man Ihnen Vorteile im neuen Hygiene-Welt-Staat versprochen hat! SIE werden alle Tiere und alle Pflanzen vernichten wollen auf Erden, und JEDEN MENSCHEN in die Knie zwingen! SIE werden alles an die Wand fahren! Aber, einige werden emporsteigen, wie Phoenix aus der Asche!"[29]

---

[29] https://www.geistheiler-sananda.net/blog-archiv/

XXX. **Ablenkung:**

„-Achtung: Immer wieder werde ich gefragt, was man denn tun soll in der derzeitigen Situation! Wie soll man sich denn verhalten? Ich persönlich halte nichts davon zu demonstrieren. Das ist pure Ablenkung und Kanalisation des Widerstandes! Es bringt einfach nichts! Auf Q warten und hoffen, dass alle 200 korrupten Regierungen dieser Welt, und alle korrupten Banker dieser Welt, und alle Pharma- und Medienmanager dieser Welt verhaftet werden? Alle Soros und alle Gates und Clintons verhaftet werden? Das würde wohl 200 Jahre dauern, bei einer Armee von 500 000 Mann! Wir selber müssen es richten! Wir! Niemand anderer! Wie? Indem man nicht mehr wählen geht z.b.. Solange es Wahlen gibt, wird es korrupte Politiker geben! Indem man die örtlichen Politiker zur Rede stellt. Warum sie dieses dreckige Spiel mitmachen! Indem man einfach NEIN sagt im Alltag, sich nicht immer und überall beugen lässt! NEIN SAGEN ist das Zauberwort! Macht nicht alles, was eine stupide, willkürliche Verordnung euch befiehlt! Widersetzt euch im Alltag, schützt eure Würde, und eure Kinder! Macht nicht jeden Mist mit. Natürlich könnte ich nun noch viel mehr sagen, aber

das Wesentliche ist, NEIN sagen zu können! Den Rest macht dann Gott!"[30]

[30] https://www.geistheiler-sananda.net/blog-archiv/

XXXI. Jesusweg:

„Diese Menschen sollen und wollen nicht erwachen! Sie verstehen das grosse Bild einfach nicht! Ich wurde gefragt, was denn diese Eliten davon hätten, die Menschheit zu versklaven! Das sagt alles! Und wenn ich dann noch sage, es gibt keine Viren, und in Wahrheit regieren uns Reptos seit Jahrtausenden, dann fallen die Augendeckel zu, und es ist Zeit, das Thema zu wechseln! Nur, ich wechsle kein Thema, ich sage dann gar nix mehr! Ich meine das nicht böse, diese Menschen sind einfach überfordert mit der Wahrheit! Einer konnte es sich nicht vorstellen, dass seine Regierung gegen das Volk arbeiten würde! Warum sollten die das denn tun? Diese Menschen verstehen das einfach nicht, was weltweit abläuft! Man könnte es ihnen wie Medizin einträufeln, sie würden daran ersticken, an der Wahrheit! Die Verschwörung auf der Welt ist einfach zu gross, für den Verstand des kleinen Mannes! Diesen Umstand nutzen die Dunkelmächte natürlich aus! Sie können frei schalten und walten. Der Bürger wird alles tun, was sie sagen! Keine Chance für uns, daran etwas zu ändern! Die Masse, derzeit rund 95%, wird leider abfallen. Diese Zahl wird noch steigen!

Die tatsächlich ERWACHTEN, ich meine nicht die Rattenfänger und deren Anhänger, werden eine ganz kleine Einheit bilden! Wir sind wenige! Und unsere Prüfungen werden immer härter und härter! Die Spaltungen werden immer noch mehr zunehmen! Und Ihr könnt den anderen beim Abfallen fast schon zusehen! Da muss jeder alleine durch! Es nützt auch nichts `Gleichgesinnte´ im Internet zu suchen. Das ist eine Flucht vor sich selbst! Eines Tages wird jeder allein vor seinem Schöpfer stehen! Diejenigen, die diesen Weg gemeinsam gehen werden, werden sich von alleine finden, über mich. Es nützt nichts, wenn jemand meint, selbst suchen gehen zu wollen! Alle, die auf dem Jesusweg wandeln, sind geschützt. Ihnen wird kein Haar gekrümmt werden! Aber die Prüfungen werden zunehmen!“[31]

[31] https://www.geistheiler-sananda.net/blog-archiv/

XXXII. Sabotage:

„Ich bin ein sehr starker Mensch, den nichts umhaut. Aber diese Attacken entziehen einem eben Energie, und sollen mich in der Schwingung herunterziehen. Und da ich eine grosse Tankstelle bin, und viele bei mir tanken, wollen SIE mich eben nicht verlieren, und mich in der niederen Schwingung, genannt Erde, behalten, und mich am Aufstieg hindern. Ebenso alle, die auf dem Jesusweg sind! Es sind im Prinzip alles Sabotage-Versuche. Und wer einknickt hat verloren! Also bleibt stark meine Freunde, denkt immer daran, wer Ihr seid! SIE sind nur neidisch auf uns, missgönnen uns unser Glück, unsere Freude. […] SIE wollen, dass wir traurig sind, depressiv sind, am liebsten wäre es Ihnen, wenn wir uns selbst töten! Darum, achtet auf eure Schwingung! Wenn Ihr mal am Boden sei[d], rappelt euch auf! Sucht euch etwas, was euch wieder in eine gute Stimmung bringt! Nur wir selbst können uns schaden, SIE haben keinerlei Macht über uns! Wir sind die, die die wahre Macht repräsentieren auf Erden, wie auch im Himmel! […] Das wichtigste im Leben ist doch, dass wir glücklich sind, uns erfreuen am Leben! Dazu gehört Gesundheit, ebenso wie ein Leben in Harmonie und

Frieden, mit allen, die uns wichtig sind! […] Liebe, Glück, Frieden und Gesundheit sind es, die das Leben lebenswert machen! Die […] da draussen sind gerade dabei, uns allen genau das zu nehmen und zu verwehren! […] Wir dürfen das aber nicht zulassen, dass sie uns das wegnehmen! Darum liebe Freunde, bleibt immer in der Wahrheit, auch, wenn es schwer wird. Bleibt immer Mensch, auch, wenn es schwer wird! Gebt nie die Hoffnung auf, auf ein schöneres, friedliches und harmonisches Leben! Es wird so sein eines Tages, und wir alle die uns lieben werden diese Zeit erleben! Lasst euch nicht die Liebe und das Vertrauen in die göttliche Schöpfung nehmen! Der liebende Schöpfer von allem was ist, wird auf dich achtgeben und dich beschützen, wenn DU dich ihm zuwendest! Geistheiler Sananda.“[32]

[32] https://www.geistheiler-sananda.net/blog-aktuell/

XXXIII. <u>Übernahme:</u>

„-Achtung: Liebe Freunde, liebe Brüder und Schwestern! Es wird nun von Tag zu Tag schlimmer! Die Welt in der wir leben wird immer unerträglicher. Es ist für viele liebe Seelen jetzt schon nicht mehr zu ertragen, unter den ANDEREN zu sein, geschweige denn zu arbeiten! Gegen das, was auf uns zukommt, war die DDR eine Freiheitsrepublik! Ein noch nie dagewesenes Denunziantentum wird sich über uns ergiessen! Dagegen war die STASI ein Häkelverein! SIE wollen JEDEN SCHRITT von uns überwachen, nachverfolgen und kontrollieren! Kontaktverfolgung nennt man das, wegen Corinna natürlich, zu deinem Schutz natürlich! DU wirst bald ganz sicher, total geschützt in einem Käfig leben, wo du nicht mal mehr atmen wirst können, wenn DIE es nicht wollen! Die Menschen sind leider schon übernommen! Fremdübernommen. Feindliche Übernahme nennt man das! Die Welt ist gerade dabei total besetzt zu werden! Die Seelenlosen und sonstigen Hüllen da draussen merken es nicht mehr. Sie halten uns für die Kranken, für die Irren. Wir werden bald ganz alleine dastehen, viele von uns werden verzweifeln, viele werden nicht mehr leben wollen! Wir werden von Geisteskranken

verhöhnt. Von regieren möchte ich nicht mehr reden! Und alle, die denen gehorchen sind deren Brüder und Schwestern Geisteskranke! Wir anderen können nur staunend mit offenem Munde zuschauen, wie die Psychos alles an die Wand fahren! Die [...] zeigen immer offener, was sie von uns wenigen anderen, den wenigen echten Menschen, halten. Nämlich nichts! Hass wird uns entgegenschlagen, überall! SIE werden offen gegen uns gehen! Es ist die Endzeit meine Freunde! [...] Die Verfolgungen nehmen exorbitant zu! So wie SIE jeden Kontakt zurückverfolgen wollen, so verfolgen SIE jeden Schritt [...]. Sie stehen schon da am Strassenrand und lachen höhnisch beim Vorbeifahren. SIE sind überall! Es sind mehr, als du dir im Traum vorstellen kannst! Sie werden auch DICH verfolgen [...]! Sie wollen deine Seele! Sie wollen dich hierbehalten, in der MATERIE! Wir sind jedoch nicht alleine! Ruft [...] eure Ahnen, eure geistigen Ahnen zu Hilfe. [...] Uns wird geholfen, wir sind nicht allein! [...] Es wird schlimm meine Freunde, aber wir werden es überleben. Alle Seelenlosen, alle Verräter, alle Feiglinge, sie werden gehen müssen! So sei es! Im Namen Gottes!“[33]

---

[33] https://www.geistheiler-sananda.net/blog-aktuell/

XXXIV. <u>Instrumentalisierung:</u>

„-Achtung: `SIE instrumentalisieren JEDEN UND ALLES gegen Sie! Überall auf der Welt! Ihnen wird nun das gleiche überall in der Welt passieren!´ Dies sagte […] ein früherer Anwalt aus Süddeutschland, der lange Jahre Bundestagsabgeordneter war! […] Und jeder muss sich irgendwann vor Gottes Gericht verantworten!“[34]

[34] https://www.geistheiler-sananda.net/blog-aktuell/

XXXV. Chaos:

„-Achtung: *Liebe Freunde, liebe Brüder und Schwestern! [...] SIE ziehen nun die Zügel an! Kranke hin oder her, Tote hin oder her! Es interessiert nicht, dass es keine Kranken gibt, keine Toten gibt! Es wird eben einfach behauptet, dass der Corono-Virus weltweit sich immer mehr verbreitet, dabei sind das ja nur falsche Positivtests. Es interessiert nicht, dass hunderte Ärzte und Wissenschaftler was anderes sagen! Die Medien und die Politik behaupten einfach was, dann ist das so! Ja, und die Volldeppen da draussen machen alles mit, sterben an ihrer Angst und kuschen! Die Menschheit gibt ein jämmerliches Bild ab. [...] Aus einer anderen Dimension aus betrachtet, sieht man hier in 2 D fast nur total unterentwickelte Wesen, mit Ausnahme vieler Tiere. Diese sind meist höher entwickelt als die allermeisten Menschen! Trump wird die Wahl gewinnen, keine Frage. [...] Alle wollen ihn schlechtreden. Alle. Die Impfungen werden kommen, keine Frage! Die Masken werden bleiben, keine Frage! Die PCR-Tests haben auch noch einen anderen Zweck, über den ich hier nicht schreiben darf und will! Keine versteckte Impfung jedoch! Aber, fast noch schlimmer, was der wahre Zweck ist. Bald ist die ganze Welt Risikogebiet! Das Reisen wird nahezu unmöglich werden. [...] Die Massentests werden ein totales Chaos verursachen! Durch die kommenden weiteren Massnahmen wird die Wirtschaft noch mehr in die Knie gezwungen! Adolf M. wird bald einen neuen Palast bekommen in Berlin, den er schon immer wollte. Die Politiker werden sich komplett absondern vom Volk, aus Angst vor Rache. Armut und Siechtum werden einkehren in Europa! [...] Es läuft alles nach Plan! Die Menschen werden eingesperrt, enteignet und krankgemacht werden. Sämtliche Freiheiten werden genommen, zum Schutz der Anderen! Autofahren wird uns auch genommen werden. Aber Hauptsache sicher, oder nicht? Ein Menschenleben wird irgendwie sinnlos werden, wirken. [...] Für viele wird es besser, wenn sie diese Welt verlassen! Die [...] erfüllen ihre Agenda leichter als gedacht, da die Menschen so feige sind und kuschen. Es wird alles viel schneller gehen! Sie werden ihre Neue Weltordnung zum Grossteil durchbringen. Wenn SIE das dann geschafft haben, wird völlig Unerwartetes geschehen, und die ganze [...]Welt vernichten!“*[35]

[35] https://www.geistheiler-sananda.net/blog-aktuell/

XXXVI. Ortung:

„-Achtung: Wegen den PCR-Tests: Die brauchen keine DANN von uns! Die haben längst alles von uns! Müssen nur einmal die Drohnen über uns fliegen lassen! DIE orten uns seit Jahrtausenden, durch ausserirdische Technik!! Jeden von uns! DIE wissen immer und überall, wo wir sind! […] Wenn SIE jemanden nicht finden, dann, weil sie ihn nicht finden wollen! Die Beseelten finden SIE immer! […] Wir werden 24 Stunden am Tag verfolgt, geortet, gestalkt!“[36]

[36] https://www.geistheiler-sananda.net/blog-aktuell/

XXXVII. <u>Schlange:</u>

„-<u>Achtung:</u> […] Die Wesen der Dunkelheit sind derzeit sehr aktiv, und wollen jeden den sie kriegen können! Sie scheuen keine Mittel, um jeden wieder vom Weg abzulenken, zu blockieren, zu manipulieren! Und ja, SIE sind gut! Das muss man ihnen lassen! […] Keiner käme auf den Gedanken, dass seine Gedanken nicht von ihm selbst sind, eingeflüstert werden […]! Man sieht ja, was SIE mit der ganzen Menschheit derzeit anstellen! Die Masse ist bereits seelenlos! Sie sind alle in der Hand der Reptos! Du kannst jeden Tag zuschauen, wie die Menschheit immer mehr in den Fängen der Schlange ist! Die Schlange hat die Menschheit in ihrem Würgegriff, und dieser wird immer enger und enger! Kannst du es sehen? Fühlst du es, wie SIE uns immer enger einkreisen? Wie SIE […] unsere FREIHEITEN Tag für Tag mehr einschnüren? Hättest du je gedacht, dass es möglich sein könnte, dass eine ganze Welt von Verschwörern in die Knie gezwungen wird? Nein, hättest du nicht! […] Aber, du siehst es doch nun, dass es so ist! Die Reptos sind inkarniert in menschlichen Körpern und heissen Angela und Markus, und Karl usw.! SIE haben kein Mitleid, keine Skrupel, keine Gefühle!

DU bist ihnen sch... egal! Die verfolgen eine Agenda. Die Reptilienagenda! Und diese will, dass JEDER Mensch zu 100% versklavt wird, zu 100% kontrolliert und überwacht wird. Und JEDER Kontakt von JEDEM zu 100% nachverfolgbar ist! [...]" SIE wollen aber in Wirklichkeit nur DEINE SEELE! Damit du weiterhin im Kreislauf der Wiedergeburt gefangen bleibst, und SIE weiterhin deine Energie anzapfen können! In der Astralwelt, und dann im nächsten Leben! Es geht also um weit mehr als ums pure Überleben! Überleben reicht nicht! Du musst erkennen, um was es wirklich geht! Und deine Seele retten! Sonst wirst du ein böses \`E[R]WACHEN´ haben! Die Menschen werden jetzt \`getestet´, wie stark ihre Liebe zu GOTT wirklich ist! UND, ob sie vom Glauben \`abfallen´! Die Dunkelheit macht nur ihren Job!" [37]

[37] https://www.geistheiler-sananda.net/blog-aktuell/

XXXVIII. Evolution:

„*-Achtung: Evolutionskette der Verfolgungen: Freigeist – Querulant – Verschwörungstheoretiker – Verschwörer – Staatsfeind – Terrorist – Geistheiler Sananda!*“[38]

[38] https://www.geistheiler-sananda.net/blog-aktuell/

XXXIX. Isolation:

„-Achtung: *Dieses Mal sperren Sie uns nicht (nur) durch Grenzschliessungen ein, sondern SIE sperren uns auch regional ein, separieren und isolieren uns! SIE wollen testen, wie eng sie uns einsperren und überwachen können. Mit der gezielten Desinformation und Panikmache werden sie das auch erreichen. SIE werden bei der unwissenden, ängstlichen, dummen und ignoranten Menschheit alles erreichen, was sie sich nur erträumt hatten! [...] Sie werden es auch erreichen, dass die maskierten Vollpfosten eines Tages die Unmaskierten töten! Sie werden die Masse auf die Aufgeklärten hetzen und lenken! Und wir werden nichts dagegen unternehmen können! Keine Demonstration und kein Gerichtsersuchen wird irgendetwas stoppen, oder ändern! [...] Die Masse war schon immer dumm, ist dumm, und wird immer dumm bleiben! Nur ganz wenige werden aufsteigen und das alles überleben, was da kommen wird! Und alle, die jetzt noch dem System in den Hintern kriechen, werden eines nicht mehr fernen Tages nichts mehr zu beissen haben, keinen Job mehr haben, am Ende sein, und dann sterben. Die Polizisten, Zöllner und Co., werden sich immer mehr GEGEN das Volk richten, und ihre Macht ausleben und auskosten! Den Impflokalen wird bald, so ab ca. Februar 2021 die Türen eingerannt werden. […] Die Menschheit ist nicht mehr zu retten. Es wird alles den Bach hinab gehen. Die Verschwörer haben leichtes Spiel, weil die seelenlosen Hüllen alles glauben, was im TV kommt, und in der Zeitung steht! Die Frage ist, haben sie es dann nicht verdient, was auf uns zukommt? An dem Tag, wo diese Schafe es merken, dass sie verarscht wurden ihr Leben lang, ist es zu spät! Die meisten werden nie erfahren, was mit ihnen gemacht wurde. Sie werden dumm sterben, und dann wieder dumm auf die Welt kommen. […] Aber, das ist ok, die Erde ist ja ein Entwicklungsplanet für unterentwickelte Geister. […] Der Mensc lernt leider nur durch Schmerz und Leid! WIR opfern uns für den Dienst an Gott!“*[39]

[39] https://www.geistheiler-sananda.net/blog-aktuell/

XL. **Blase:**

„-*Achtung:* [...] es sind nicht wirklich die Dummen, die verantwortlich sind! Die Masse der Menschen ist leider schlicht bösartig! [...] Also, die Masse der Menschen ist nicht dumm, sie ist schlichtweg bösartig, oder teilweise bösartig! Sie halten also zum Bösen! Weil sie eine Resonanz in sich tragen, sonst könnten die Reptos sie NICHT manipulieren! Diese dunklen Schatten müssen geläutert werden! Darum leben die Menschen! Es geht nur um Läuterung! [...] Heute schreien sie: \`Nieder mit Trump, nieder mit den Verschwörungstheoretikern, nieder mit den Maskenverweigerern!´ Es sind die gleichen wie vor 2000 Jahren am Kreuze Jesu! Die Meute wird immer dem Teufel folgen, immer! Sie werden immer schreien: \`Verbrennt die Hexe, köpft ihn den Satansdiener´, usw.! Dabei sind sie die Satansdiener! Die Menschen, die die Tiere töten und fressen! Die es zulassen, dass ihre Kinder gefoltert werden. Die feige sind und den Teufeln der Regierungen gehorchen! Sie würden auch ihre Familie verraten, wenn sie dadurch ihr armseliges Leben retten könnten! Der Mensch ist leider böse, nieder, gierig, egoistisch, feige, missgünstig, neidisch, heimtückisch, herzlos, *gefühllos, und auch dumm! Aber nicht alle! Ein ganz kleiner Teil ist genau das Gegenteil! Und diese sind es, die unter den anderen leiden. [...] Der Mensch ist ein Verräter an Gott, und hat sich freiwillig dem Teufel verschrieben! So [...] werden diese Menschen ihr Land, ihr Volk, ihre Nation, ihre Familie, ihren Glauben an Gott verraten! Darum wird alles den Bach hinunter gehen! Weil der Mensch böse ist! Und diese Bösartigkeit wird immer mehr ans Licht kommen! Alles wird gezeigt werden! Alles, was je an Bösem geschah, wird ans Licht kommen! Und viele werden daran zerbrechen, wenn ihnen bewusst wird, wen sie da jahrhundertelang angebetet haben, und in welcher Lügenblase sie hier lebten! Viele werden trotzdem weiter zum Bösen halten, weil sie eben wie gesagt selbst böse sind! Diese Welt, nicht diese Erde, wird zerstört werden, damit es einen Neuanfang geben kann! Dort wird dann nur der kleine Teil der guten Menschen leben, die anderen werden alle weg sein. Es wird eine neue Welt gegründet werden, mit wenigen hunderttausend Menschen!"*[40]

[40] https://www.geistheiler-sananda.net/blog-aktuell/

XLI. <u>Puppen:</u>

„*-<u>Achtung:</u> In der ganzen Schweiz gilt ab morgen, 19.10.2020, eine generelle Maskenpflicht! Wie in Deutschland! Die liberale, neutrale, freie Schweiz verpasst ihren Bürgern einen Maulkorb. Und das im Land der Freimaurer, Geheimbünde, der Banken und der Pharmaindustrie! In der Schweiz sind diese Institutionen geboren! [...] Sie werden aber jedes Land auf dieser Welt versklaven, jedes! SIE sind mitten im Umbau, merkst du es? Die neue Weltordnung ist mitten im Aufbau! Es läuft alles wie am Schnürchen! Was soll man nun tun, ausser beten? Nicht viel! Die anderen sind zu viele! Was willst du tun gegen ALLE? [...] Wir müssen ohnmächtig mit ansehen, wie die gesamte Menschheit total versklavt wird. Die DDR war ein Test! Sie wenden nun die gleichen Methoden an, wie bei der DDR, weltweit! Sie sind alle miteinander verbandelt! Es ist eine verschworene Gemeinschaft! Die Politiker sind nur die, die es dem dummen Volk verkaufen! Sie sind Puppen! Austauschbare Puppen! Es nützt nichts, wenn Merkel geht. Der nächste macht sofort da weiter, wo sie aufgehört hat. Die Firmen, die Banken, die Behörden,* *die Politik, alles steckt unter einer Decke! Sie sind alle beteiligt an diesem Unterfangen. Die Menschheit hat ein ernstes Problem!"*[41]

[41] https://www.geistheiler-sananda.net/blog-aktuell/

XLII. Ehrfurcht:

„-Achtung: Liebe Freunde, wenn Ihr könnte, geniesst euer Leben jeden Tag, so gut es geht, habt Freunde und zeigt diese! Es wird nie mehr so sein, wie es einmal war! Jede Freiheit, die einmal weggenommen ist, wird nie mehr zurückkommen! In der DDR wurde es auch nicht besser, es wurde immer schlimmer von Jahr zu Jahr! Siehe Mauerbau und Schiessbefehl! Geniesst jeden Tag! Jeden Einzelnen! In 5 Jahren werdet ihr sagen, man, was hatten wir 2020 noch für Freiheiten! Damals durften wir noch 5 Freunde auf einmal treffen! Und, wir durften noch mit dem eigenen Auto zum Baden fahren! Gott lässt das zu, dann ist das OK? Ja klar ist es ok! Der 2. Weltkrieg wurde auch zugelassen von Gott! War er ok? War er deswegen einfach zu ertragen? Nein, sicher nicht! Gott wird wissen, was er zulässt! Und doch sind es die Menschen, die entscheiden, was Gott zulässt! Die Menschheit entscheidet, was sie mit sich machen lässt, und, wobei sie mitmacht, oder auch nicht! Am Ende wird immer alles gut. Aber, es ist ein langer harter Weg zu diesem Ende meine Freunde! Es kommen anstrengende und herausfordernde Zeiten auf uns alle zu! Die spannendsten, die es je

gegeben hat auf dieser Erde! Es ist eine Ehre, diese aktiv miterleben zu dürfen! Eine Gnade Gottes! Einige Menschen haben eine einmalige Chance angehäuftes Karma aus vielen Lebzeiten abzubauen! In einem einzigen Leben! Noch nie war ein Aufstieg so nahe für viele Menschen! Eines Tages werden einige Menschen ehrfürchtig erkennen, welche unfassbare Gnade sie erleben durften! Euer Geistheiler Sananda! Botschafter Gottes auf Erden! Ja, das bin ich fürwahr!"[42]

[42] https://www.geistheiler-sananda.net/blog-aktuell/

XLIII. Tore:

„-Achtung: *SIE öffnen CERN Dimensionstore, das stimmt! Jedoch zu Dimensionen nach UNTEN, nicht nach oben! SIE holen immer mehr Verstärkung herein, von Ihresgleichen, aus den unteren Dimensionen! Dämonen ohne Ende, Reptos und Dracos ohne Ende! Und, in Parallelwelten können die Menschen schon lange gehen, siehe Stargate! ©Geistheiler Sananda!*“[43]

[43] https://www.geistheiler-sananda.net/blog-aktuell/

XLIV. Invasion:

„-Achtung:! Was hat diese Invasion der Finsternis für Auswirkungen? Wir leben in der Endzeit, das müsste jedem mittlerweile OFFENSICHTLICH klar sein! Die dunklen Elementalwesen, die inkarnierten Reptos in Menschenkörpern, werden die Menschheit nun immer mehr knechten, foltern, drangsalieren und einsperren, demütigen und verhöhnen! Ausbeuten und missbrauchen! [...] Die falschen Herrscher dieser Welt, die Reptiloiden, die die Macht an sich gerissen haben hier vor langer Zeit [...] beherrschen die Menschen seit jeher! Sie zeigen nun immer offener ihr wahres Gesicht, und behandeln die Menschen wie Abschaum! SIE werden nun alles kaputtmachen, da sie einen RESET wollen! Und eine Dezimierung der Menschheit! Die Menschen werden immer enger eingekesselt und eingesperrt! Ohne Impfung wird eine Teilnahme am normalen Leben ab 2021 nicht mehr möglich sein. Bürgerkriege, Armut und Hungersnöte werden in EUROPA Einzug halten. 85% der Menschen sind ferngesteuert und ohne Seele, können also gar nicht erwachen und im Bewusstsein steigen! Es wird und kann keine ERWACHTE MENSCHHEIT geben!

Die Richtigen sind erwacht, und müssen offenen Mundes mit ansehen, wie die Geisteskranken diese Welt kaputt machen! Es wird keine Fluchtmöglichkeit geben, schon gar nicht durch Dimensionstore in höhere Dimensionen! Dort gelangt man nur hin, wenn man höher schwingt [...]. Keine Technik wird das je ändern können! Gott und seine Heerscharen haben dafür gesorgt! Die Föderation des Lichts wird es verhindern, dass die Reptos hier technische Manipulationen machen! Die astralen Reptos, Dracos und Archonten, Dämonen, Grauen und Mantisse, werden hereingelassen. Es ist Teil des Plans, und hat seine Berechtigung! Alles seelenlosen, und/oder angsterfüllten Menschen ziehen diese Wesen dann an, und deren Körper werden alle übernommen! Ihr habt es bald nicht mehr mit Menschen zu tun da draussen im Alltag, sondern mit Monstern in menschlichen Hüllen! Du glaubst ich mache nur Angst und spinne? Du wirst es noch erleben! Man sieht ja jetzt schon, wie dumm, kaltherzig, gleichgültig, brutal und obrigkeitshörig die Masse ist! Du wirst nur noch staunen können, mit offenem Mund, was in der Zukunft abgehen wird! Das garantiere ich dir! Der einzige Schutz ist der echte, von innen kommende Glaube an Gott. Darum gibt es Verfügungen und Gebete, was anderes wird nicht mehr helfen! Nur die göttliche Macht kann uns noch helfen!

Und diese wird allen Liebenden beistehen! Den wahren Liebenden wird kein Haar gekrümmt werden, sie brauchen keine Angst zu haben vor einer Impfung, oder 5G! Gott wird uns beschützen und beistehen! Alle anderen werden daran sterben! Die `Menschen´ werden ab Sommer 2021 anfangen zu sterben wie die Fliegen. Jahr für Jahr wird es immer schlimmer werden. Und sie werden irre werden, total irre! ©Geistheiler Sananda!"[44]

[44] https://www.geistheiler-sananda.net/blog-aktuell/

XLV. **Fake:**

„-Achtung: Du wirst vielleicht eines Tages erfahren, wenn du Glück hast mein lieber Leser, dass du seit Geburt bis heute, jeden Tag immer und überall angelogen und verarscht wurdest und wirst! Du lebst in einer einzigen grossen Fake-Welt! ©Geistheiler Sananda! Ja, bei mir bekommst du Geheimwissen zum Nulltarif!“[45]

[45] https://www.geistheiler-sananda.net/blog-aktuell/

XLVI. Klon:

„-Achtung: Was SIE dir einpflanzen beim PCR-Test? Nix gutes, aber keine Impfung, sagte ich doch schon mal! SIE holen auch deine DNA, klar! Aber für was? Ich sage es dir: SIE wollen aus dir einen Klon anfertigen! SIE werden Klone machen von uns! Glaubst du nicht? Lass [d]ich überraschen! ©Geistheiler Sananda!“[46]

[46] https://www.geistheiler-sananda.net/blog-aktuell/

XLVII. <u>Dumm:</u>

„*-Achtung:* *Was ich noch sagen wollte zu meinem Post zwecks Körperübernahme durch `Monster`! Nicht alle dunklen Geister sind Monster im klassischen Sinne! Es gibt auch wirklich einfach strunzdumme Geister aus den niederen Dimensionen, die dann hier in Menschenkörpern herumlaufen! Also, nicht jeder Nichtmensch ist ein Monster! Es gibt auch einfach dumme Geister. Das würden hochspirituelle Menschen als unterentwickelte Bewusstseine definieren. Aber ich denke, das Wort strunzdumm drückt es irgendwie besser aus! Sorry, wenn ich so direkt bin. Aber, ich möchte, dass mich die Leser verstehen! ©Geistheiler Sananda!*“[47]

[47] https://www.geistheiler-sananda.net/blog-aktuell/

XLVIII. <u>Ende:</u>

„-*<u>Achtung:</u> Ja, meine lieben Freunde! Dies ist meine Abschiedstournee! Meine Familie und ich, sowie 144 000 weitere Freunde und Freundinnen, werden diese Dimension in dieser Inkarnation verlassen, und nach Hause zurückkehren! Es waren schöne Zeiten hier auf Mutter Erde, und ich werde viele Erkenntnisse mitnehmen nach Hause, und viele lange vermisste Freunde, Brüder und Schwestern wiedersehen. [...] Ich bin [...] gekommen, um all unsere Brüder und Schwestern einzusammeln, alle Indigos nach Hause zu holen. [...] Diese Menschheitsgeschichte neigt sich dem Ende zu! Ich spüre diese Aufregung jeden Tag in mir, ein Vibrieren, eine Freude! Es ist mir eine Ehre, all die lieben Seelen nach Hause zu holen! Lasst uns diese Endzeit noch geniessen, auch, wenn es schmerzen wird, was das Leid der Tieren angeht! Das Leid der Menschen ist nicht so schlimm für mich, da es sich um Karma handelt, und die Menschen einen freien Willen haben! Alles geschieht zu eurem Besten. Niemand muss sich fürchten! Auch alle anderen Seelen werden eines Tages zurückkehren in Gottes Reich! Die Föderation des Lichts [...] wird auf euch acht geben, euch* *begleiten, über Äonen hinweg! Keine Seele wird je verloren gehen! Gottes Gnade ist unendlich und ewiglich! Jeder der ihn anruft, wird von ihm errettet werden. Sei es in der Sekunde seines Todes! Es ist nie zu spät, zu Gott zurückzufinden, und seinen Glauben wieder zu finden! Gott wartet auf jeden, auf jeden einzelnen! Es kommen noch schlimme Zeiten auf euch zu, aber danach wartet eine neue schöne Welt auf euch, in der wir uns alle wiedersehen werden! Diese Welt ist schon da, wir müssen sie nicht visualisieren. Sie wartet schon auf uns! Darum verzagt nicht! Alles geht seinen Weg! Alles ist in göttlicher Ordnung! In tiefer Demut! Euer Sananda!"*[48]

[48] https://www.geistheiler-sananda.net/blog-aktuell/

XLIX. Aufstieg:

„-Achtung: *Ja liebe Freunde, liebe Brüder und Schwestern [...]! Die 144000 sind nicht alle, die aufsteigen, es werden ca. 500 000 sein, die gesamt aufsteigen! Die 144 000 sind sowas wie ein Club. Aber keine Freimaurer! :) Wann steigt man auf? Ganz einfach! Wenn man alle irdischen Anhaftungen aufgelöst hat! Das wären z.B. Neid, Hass, Eifersucht, Missgunst, Habgier, niedere tierische Triebe (Sex mit einem liebenden Partner fällt nicht da drunter), aber z.B. in einen Swingerclub gehen! Und einige andere Anhaftungen! [...] Ja, muss man perfekt sein also, um aufsteigen zu können? Nein! [...] Kein Mensch wird zu seinen Lebzeiten perfekt sein können! Alles, was wir tun können ist, immer perfekter zu werden! Sich immer mehr unter Kontrolle zu haben! Aber vor allem zählt eines! Was für ein Herz hast du? Bist du ein liebevoller, demütiger, dankbarer, freundlich gesinnter Mensch? Wenn ich merke, dass ich Fehler machte, und das merkt jeder, der einen Zugang zum Göttlichen hat, dann mache ich das sofort wieder gut! Wiedergutmachung und Reue sind die Schlüsselworte! Meine Verfehlungen sind jetzt nicht sooo schlimm! [...] Ja, auch Jesus hat die Pharisäer aus dem*

Tempel gejagt! Ich bin nicht der Meinung, dass man seine Stalker, seine Folterer lieben muss, seine Feinde lieben muss! Ich muss sie nicht hassen, aber ich muss sie auch nicht lieben! [...] Diese Un-Menschen sind gestraft genug, sie wissen es nur noch nicht! Insofern habe ich dann später sogar Mitgefühl mit ihnen. Mit den Initiatoren im Hintergrund, den Reptos und Dracos, und den Archonten, habe ich kein Mitgefühl! Diese sind einfach nur bösartig, und machen alles, was sie tun, aus niederen Beweggründen! Auch, wenn sie dadurch oft Positives erreichen! Nämlich das AUFWACHEN mancher Menschen! So gesehen hat wohl doch alles seine Ordnung, seine GÖTTLICHE ORDNUNG! Wer Angst hat sollte immer daran denken, dass es eine Macht gibt, die alles überwacht! Und jederzeit alles stoppen könnte! Also muss alles einen Sinn, und einen Zweck haben! Und noch was: Nicht nur ich bin auf Abschiedstour, alle die aufsteigen sind es! Wir alle werden uns zu Lebzeiten hier auf der Erde wiederfinden, um dann gemeinsam in die neue Erde hinüberzugehen, in den nächsten 15 Jahren! Der Tod wird dieses Mal aber nicht notwendig sein, wie es bisher immer der Fall war. Zumindest nicht bei allen!“[49]

---

[49] https://www.geistheiler-sananda.net/blog-aktuell/

L. Liebe:

„-Achtung: Das wichtigste habe ich vergessen zu erwähnen, was es braucht, um diese Dimension hier wieder verlassen zu können! Da nützt das ganze enthaltsame, vegane, und asketische Leben rein gar nichts! Ohne das! Darum sind die Menschen hier, darum leben sie eigentlich! Hast du es erraten? LIEBE! Die Menschen leben, um LIEBE zu lernen! Liebe muss man lernen, wenn man sie noch nicht ist! Vegan leben, brav und lieb leben, das kann man alles mit dem Verstand erreichen! Aber wahre Liebe zu sein, zu leben, zu geben, zu haben, das muss man lernen! Wie? Durch Leid und Schmerz! Wer kein Mitgefühl für die Tiere, für Schwache, für den Anderen hat, der muss es lernen! Er wird es in unzähligen Inkarnationen lernen! Solange, bis er selbst reine Liebe ist! Ja, und das geht bei den allermeisten leider nur durch Leid und Schmerz! Diese gefühllosen Menschen, die Tiere fressen, [die] Menschen, die anders sind wie sie hassen, andere Lebewesen schädigen, die werden am eigenen Leib erfahren müssen, was das bedeutet! Insofern verstehst du vielleicht, warum Gott diese Welt zulässt? Grosses Leid wird über die Menschheit hereinbrechen! Bei mir bekommst du kostenloses

Geheimwissen, und höchste spirituelle Erkenntnisse, umsonst, einfach so! […] ©GEISTHEILER SANANDA“[50]

[50] https://www.geistheiler-sananda.net/blog-aktuell/

LI. <u>Obrigkeit:</u>

„-<u>Achtung:</u> *Tja, am 11. März 2020 sagte ich, dass im Mai die 1. Welle rum ist, und im Herbst die 2. Welle kommt! Nun, SIE machen es schon wieder! Es wiederholt sich alles! Wieder diese erfundenen Schreckensnachrichten, mit den verlogenen Zahlen, und den verlogenen Darstellern, denen die Lügen aus dem Gesicht springen! Jeder, der ein klein wenig Grips hat weiss, dass das alles zu 100% Fake ist! Und doch kann es KEINER stoppen! Keiner! Warum nicht? Weil alle mitmachen! Jeder akzeptiert es, wie es ist. Alle kuschen vor der Obrigkeit, alle haben Angst, jeder spurt! Keiner sagt was! Keiner fragt nach den angeblich Infizierten in den Krankenhäusern! Wo sind sie denn die Kranken? Wo sind die Toten? Wo sind die Intensivpatienten? Keiner schaut nach. Fahrt doch mal in euer Krankenhaus und fragt nach! Ihr kommt gar nicht mehr rein, weil sie ein Besuchsverbot machen [...]! Damit keiner nachprüfen kann, dass die Krankenhäuser LEER sind! Die Hausarztpraxen sind leer! Die Intensivbetten sind LEER!! Die Pandemie gibt es nur im Fernsehen und im Internet. Da draussen ist keine! Wenn du raus gehst, nicht gerade zum Einkaufen, dann siehst du NICHTS. Da ist nichts. Die Pandemie der Angst! Jeder hat Angst, vor dem STAAT! Die Diktatur geht mit grossen Schritten voran! Niemand wird sie aufhalten, niemand. Kein Querdenker, kein Qanon, kein Aufklärer, einfach keiner! Warum, weil die Menschen es annehmen! Es akzeptieren! Mir tun nur die Menschen leid, die schon aufgewacht sind, und aus finanziellen Gründen noch zur Arbeit müssen, und diesen psychopathischen Arbeitgebern ausgeliefert sind! Auch tun mir die Kinder leid, die von ihren Eltern gezwungen werden, mit einer Maske in die Schule gehen zu müssen, um den IRRSINN der dort verzapft wird zu lernen! Böse arme Welt. Aber, es ist der Wille der Mehrheit, diesem muss man sich beugen! Das ist Demokratie! ©Geistheiler Sananda!"*[51]

[51] https://www.geistheiler-sananda.net/blog-aktuell/

LII. Abfall:

„-Achtung: [...] Es wird nun immer schlimmer werden mit dem Abfallen der Menschen, und der Verrat wird immer mehr gras[s]ieren unter den Menschen! Darum passt auf, auf wen Ihr euch einlässt, und wem ihr vertraut! Neid, Missgunst, Eifersucht und Verrat werden immer mehr in den Vordergrund rücken! Auch und gerade dort, wo keiner damit rechnet! Ihr alle müsst lernen, mit euch selbst ins Reine zu kommen, zu euch selbst stehen zu lernen. Viele flüchten immer nur vor sich selbst, von einer Gruppe zur anderen, von einem Seminar zum nächsten, von einem Heiler zum nächsten! Alles eine Flucht vor sich selbst! Es ist eine Stärke alleine sein zu können! Viele haben Angst vor dem ALLEINSEIN, weil sie Angst davor haben, was sie da finden könnten! Oder auch nicht!“[52]

---

[52] https://www.geistheiler-sananda.net/blog-aktuell/

LIII. Abgrund:

„*-Achtung:* *Es ist erschreckend! Immer mehr [...] fallen ab [...]! Die Zeit der Gnade Gottes ist wohl vorbei! Oder? [...] Das Ego übernimmt wieder das Kommando, der Zugang zum Herz ist wieder blockiert! Gibt es eine Chance auf Umkehr? Ja! Wenn man mit seinem Willen versucht seinen Verstand zu unterdrücken, seine negativen Gedanken NICHT wahrzunehmen, zu ignorieren! Indem man entgegen seinem Verstand und entgegen seinen Emotionen handelt! Schafft man das nicht, ist man leider verloren! [...] Auch in der Welt kannst du es beobachten, wie die Menschen immer mehr abfallen! Schau sie doch einfach an! Du lebst bald nur noch unter Hirntoten! Schau doch die Welt an, was SIE mit uns machen! SIE reissen alles in den Abgrund! Es geht bald nicht mehr nur um das wirtschaftliche Überleben, es geht um DEIN Leben nach dem Leben hier! Es ist nie zu spät umzukehren, nie! Bis zum letzten Atemzug hat ein Mensch die Chance zu Gott zurückzufinden, seine Taten zu bereuen, und sich von Herzen zu Gott, dem wahren Schöpfer zu bekennen! Das ändert zwar nichts am neuen Karma, und der zu tätigenden Wiedergutmachung in den nächsten Leben, aber, es* *bringt einen zurück auf den göttlichen Pfad! Entscheidend für dein Leben nach dem Leben ist nur und ausschliesslich, wie du in diesem Leben HANDELST!"*[53]

[53] https://www.geistheiler-sananda.net/blog-aktuell/

LIV. <u>Trennung:</u>

„*-Achtung:* [...] *Es gibt nun immer mehr Menschen die abfallen! Die ihre Seele verlieren! [...] Auch in den Familien und Beziehungen passieren diese Trennungen! Immer mehr werden die Menschen, die auf dem Jesusweg sind feststellen, dass selbst ihr eigener Partner sich von ihnen abwendet, plötzlich gegen sie ist! Die eigenen Eltern, die eigenen Kinder! Es ist die Zeit der Spaltung und der Trennungen! Daher auch die `Corona-Regeln´! Das ist symbolisch zu sehen! Die Menschen driften auseinander. Sie gehen nun verschiedene Wege! Die einen, ganz wenige, gehen zurück zu Gott, in eine bessere Welt. Die anderen, die Systemmenschen, sie werden von uns getrennt. Die Welten trennen sich jetzt! Es ist die Zeit der Entscheidungen! Ich muss gerade an eine Szene aus dem Film `2012´ denken, als da ein Paar in einem Supermarkt sich gegenübersteht, und sich plötzlich ein riesiger Graben aus dem Erdinnern bildet, und diese 2 voneinander trennt! Es wird ein unüberbrückbarer Graben zwischen den Menschen gebildet!*“[54]

---

[54] https://www.geistheiler-sananda.net/blog-aktuell/

Printed by Books on Demand GmbH, Norderstedt / Germany